DEUX MOTS

A M. DUPIN,

PROCUREUR-GÉNÉRAL

PRÈS LA COUR DE CASSATION.

DU SERMENT

ET

DE LA LOI ATHÉE,

OU

DEUX MOTS

A M. DUPIN,

PROCUREUR-GÉNÉRAL PRÈS LA COUR DE CASSATION.

PAR UN HABITANT DE LA CAMPAGNE,

M. H. S. L.

Nec . . . . feroces
Progenerant aquilæ columbam. HORAT.

AVIGNON,

CHEZ Vᵉ GUICHARD, IMPRIMEUR-LIBRAIRE.

1832.

DEUX MOTS

A M. DUPIN,

PROCUREUR-GÉNÉRAL

PRÈS LA COUR DE CASSATION.

TOUT est, maintenant, ou doit être, en France, constitutionnel.

Sur les limites encore mal fixées du pouvoir et des libertés publiques, d'un côté, la sévérité si active et si susceptible des *serviteurs* de la prérogative, de l'autre, la liberté de la presse, si franche, si courageuse, ont établi, chacune à part, comme deux peuples jaloux, un véritable cordon de douanes. Avec quelle infatigable vigilance elles surveillent, elles poursuivent tout arrivage qui n'est pas au timbre ordinaire de la constitutionnalité, garantie qui seule peut donner la vie et la prospérité au commerce journalier d'échange entre le gouvernement du roi des Français et ses trente-deux millions de *concitoyens !* Jusques à ce jour, il faut le dire, la flétrissure de la contrebande n'a pas été pour les champions de la liberté.

A la suite d'un procès qui sera à jamais célèbre par la manière dont le mécanisme judiciaire perfectionné arrive en France à mettre au jour la vérité ; à la suite du procès des coaccusés Fouquet et Fleury de la *Gazette*, le chef suprême du parquet, à l'audience de la Cour de cassation, a émis une doctrine et des prétentions, à nos yeux, inconstitutionnelles dans leur principe, funestes dans leurs conséquences, et que la Charte et le péril de nos libertés nous font le droit et le devoir de repousser de la circulation politique.

« Le serment qui me lie ainsi que tous les fonctionnaires publics, avait dit M. Fouquet dans sa défense, n'est pas empreint du même caractère qu'autrefois. »

« Hé quoi ! s'écrie M. Dupin : obéissance à la Charte de 1830 et aux lois de l'état, n'a pas le même sens que fidélité à la Charte de 1814 et aux lois du royaume ? »

Eh de grand cœur ! Monsieur le Procureur-

général ; conservons au serment d'obéissance à
la Charte de 1830, ne l'altérons pas le moins
du monde, le sens du serment de fidélité à la
Charte de 1814. Mais dites-nous , M. Dupin,
quel sens attachaient à ce serment de fidélité,
Labédoyère à Grenoble, Ney à Châlons, Foy,
Benjamin Constant, tous vos demi-dieux et vos
oracles de la régénération libérale, au célèbre
Champ de mai ? Dites-nous quel sens vous atta-
chiez à ce serment de fidélité, vous et les pères
conscrits de la révolution, et l'immortel Bérard,
et l'illustre Lafayette, tous vos collègues et
disciples politiques, aux jours d'épreuve de
Juillet, à l'Hôtel de ville, au Palais-Royal,
et le 7 Août, dans l'enceinte de la Chambre des
députés ? Et si le serment au trône improvisé de
Louis-Philippe n'est pas un parjure au trône
héréditaire d'Henri V ; si la Charte de 1830
n'est qu'un monument légal de la violation li-
cite, à la voix de la nécessité, de la Charte de
1814 ; le serment qui nous lie à la Charte
báclée aura le même sens que le serment qui
vous liait à la Charte *octroyée*, oui, le sens
que vous et les vôtres avez définitivement fixé,
le sens constitutionnel ; et nous tenant à ce

sens si authentiquement *légal*, nous pourrons,
sans mentir à ce serment ni à la vérité, et même
sans l'autorité de M. Dupont de l'Eure (1),
répéter avec M. Fouquet : « Le serment qui
me lie ainsi que tous les fonctionnaires publics,
n'est plus empreint du même caractère qu'autrefois. »

« Mon âme est à Dieu, mon cœur à mon
roi, mon corps aux mains de ses ennemis, »
s'écriait autrefois le magistrat et le sujet fidèle,
en face de la menaçante et terrible nécessité.
Tel était le serment autrefois ; mais tel ne le
demandez plus aujourd'hui, parce qu'il n'est
plus le vôtre ; de vos rangs n'est pas encore
sorti, ni ne sortira jamais un Achille de Harlay.

N'accusez donc plus M. Fouquet ni les siens ;
car son crime, M. Dupin, serait votre crime ;
que dis-je ? votre crime ! il n'en serait même
pas la plus insignifiante parodie. Mais je n'en
veux ni aux hommes, ni à leurs actes, je n'atta-
que que l'erreur dans leur doctrine ; j'y reviens.

« Eh quoi ! s'écrie M. Dupin, le serment

(1) M. Fouquet avait cité une circulaire de M. Dupont
de l'Eure, garde des sceaux, dans laquelle il trouvait le
principe de sa théorie.

n'est-il plus une chose sacrée ? n'est-il plus un engagement où l'on prend Dieu à témoin des promesses que l'on fait aux hommes ? et ne croit-on plus aux peines réservées au parjure ? »

En vérité, ne croirait-on pas entendre le pieux Pascal, le mystique Nicolle, ces disciples dévots du théocratique Port-Royal ?

Esprit judicieux et sévère, ne lancez pas le plus *incorruptible* talent dans la voie de l'usurpation qui jamais ne vous vit son *complice*. Aux inspirations de la loi ne substituez pas les vôtres. Organe d'une loi athée, ne parlez pas en déiste intolérant. Ne me parlez ni de Dieu, ni des peines d'une autre vie. Gardez pour vous votre croyance ; elle n'est pas dans la loi ; là-dessus soyez muet comme elle. Comme elle, respectez l'indépendance de la raison ; ne violez pas le sanctuaire de la conscience ; elle est tout entière au citoyen. En vain tenterez-vous de lui façonner un joug ; la puissance est venue, non à vous, mais à la loi ; et la loi a garanti au genre humain sa plus belle conquête, la première de ses libertés, celle qui lui coûta le plus de sang et de martyrs, la liberté de conscience.

L'existence de Dieu est bien consignée dans la Charte ; mais Dieu est là, comme on dirait à la tribune, seulement pour mémoire, sous un simple certificat de vie, sans puissance, sans volonté, sans rôle actif : contre Dieu seul est concentrée toute la *vérité* du système de *non-intervention*. Aussi, plus de solennités religieuses, plus de cérémonie de Rheims, plus de ces messes du Saint-Esprit qui étaient le premier acte public des Chambres et le prélude sacré à leurs travaux parlementaires, sous le règne *despotique* et *à jamais passé* de *l'absurde droit divin*.

Par respect pour la loi de l'inviolabilité royale, vous n'invoquez jamais le nom ni la volonté du roi dans vos débats parlementaires : par respect pour la loi athée et la liberté de conscience, n'invoquez donc jamais, dans vos actes politiques, le nom ni la volonté de Dieu. Gardien éclairé de nos libertés nouvelles, ne faites pas un mélange adultère des vérités de la philosophique raison avec les dogmes mystérieux d'une révélation surannée ; les pâles éclairs du vieux Sinaï ne se sont-ils pas entièrement effacés devant les rayons brillans du soleil qui naquit en juillet ?

DU SERMENT

DE LA LOI ATHÉE.

———————◦———————

De loin c'est quelque chose, et de près ce n'est rien. LAFONT.

CONCEVEZ-VOUS l'angle sans côtés , la foudre sans feu, la mer sans eau ? je ne conçois pas mieux le serment sans Dieu.

Dieu et le serment, c'est l'âme et la vie , le soleil et le jour : chassez l'âme, c'est la mort ; le soleil, c'est la nuit : chassez Dieu, le serment qu'est-il ? rien.

Dans tous les temps, chez toutes les nations , le serment, invocation solennelle de la Divinité, eut toujours le double caractère de politique et de religion. L'homme public , le magistrat, le guerrier, invoquaient les grands Dieux de la patrie ; l'homme privé, le plus souvent ses Dieux domestiques. La paix qui terminait les guerres cruelles, l'alliance qui unissait la colonie voyageuse et sans terres au peuple indigène et maître du pays, étaient scellées du sceau religieux du serment. L'autel, les libations, les victimes consacraient la sainteté de la foi jurée, en remettaient la garantie à l'inviolable majesté des Dieux puissans de l'Olympe, à l'inévitable justice des Dieux inexorables des enfers. De là, l'horreur qu'inspirait le parjure, l'infamie imprimée à son nom, à sa race, et la tâche d'expier le crime transmise, au travers des siècles, à la postérité la plus reculée. Les Romains ne virent-ils pas dans leurs horribles proscriptions, leurs sanglantes guerres civiles, l'expiation et la peine du parjure de Laomédon ?

En suivant l'ordre des temps jusques à nos jours, dans les faits de l'histoire étrangère, dans les faits plus brillans de notre histoire nationale, Dieu et le serment n'ont jamais été séparés. Toujours la grande figure de Dieu y domine toutes les autres, comme la montagne élevée domine la plaine, le chêne antique le roseau. A ses pieds, les rois, les puissans, ceux qui gouvernent et qui jugent la terre, le faible, le pauvre, tous juraient sur *les Saints Evangiles.* C'était de par *Dieu* et Saint-Denis,

le genou en terre, que l'écuyer était fait chevalier, et son serment, comme un autre bap-
tême, imposait le caractère et les devoirs d'un
immortel servage. Sur sa bannière, toujours
dans son cœur il portait : Dieu, le Roi, la
Patrie ; (sur son noble écu, quelquefois, la
chère devise de sa dame). Dans les conseils,
dans les fers, dans les combats, rien n'ébran-
lait sa foi, ni sa vaillance ; et pour ne pas tom-
ber en félonie, le preux mourait toujours loyal,
toujours fidèle, toujours chrétien, à Ronce-
vaux, en Palestine, à Massoure, à Closter-
camp. Bayard, mourant à Biagrassa, remet
son âme à Dieu sur son épée, comme l'hermite
du désert sur sa croix de chrétien. L'Hercule
des révolutions, appuyé sur sa massue, deman-
dait le serment ; mais le vainqueur d'Austerlitz
adorait le Dieu des batailles, et sa main triom-
phante avait relevé ses autels.

Hommes du pouvoir, qu'avez-vous fait du
grand héritage de la royauté et de l'empire ?
sceptre, trésors, conquête, vous avez tout
pris, tout, excepté la plus noble part, la
gloire des armes et la religion de l'état. Au nom
de la liberté souveraine, cette religion vous

l'avez effacée de votre Charte. Le Dieu de Clo-
vis et de Napoléon n'est plus votre Dieu ; il
n'a plus de jour consacré à son culte. Consé-
quence admirable ! sous une loi athée, l'état
doit être athée.

De par la loi, vous m'appelez au serment ;
me voici. Quel dieu viendra entre vous et moi
en être le dépositaire ? le vôtre ? vous n'en avez
point. Le mien ? êtes-vous en délire ? Le Turc
dans sa mosquée, l'Indien dans sa pagode,
s'avisèrent-ils jamais de commander d'invo-
quer le Dieu des chrétiens ? Comme eux, vous
ne le reconnaissez pas. Sous vos yeux, l'impie
a maltraité, poursuivi de cris de mort son
pontife, dispersé ses prêtres, brisé ses autels ;
vous-mêmes, nouveaux Balthazards, avez livré
à la profanation publique les choses saintes,
les vases sacrés du sanctuaire, et bientôt, non
pas le soc de la charrue, mais les roues de
votre char rapide sillonneront de leurs traces
répétées le lieu où s'élevait naguère le temple
du Dieu vengeur du parjure ! Qu'invoquerai-je
donc ? Par quelle puissance garantirai-je ma
véracité ? Par les cendres des morts ? mais
avez-vous cru à la vie des mânes, à l'immorta-

lité de la tombe ? Par les cheveux blancs de mon père, par les vertus naissantes de mon fils ? mais croyez-vous à la sainteté des nœuds de la famille et des liens qui unissent le père aux enfans ? Dites-moi : devant votre loi du divorce qu'en fût-il resté ? Par l'honneur ? ha ! que répondent l'Italie, la Belgique, la Pologne?

Dieu n'est donc, ni ne saurait être pour rien dans le serment que votre loi commande. Une loi athée ne peut pas commander un acte religieux. Votre serment n'est donc plus qu'un serment politique, dont les devoirs et les liens ont pour principe et pour garantie la force invincible des événemens, la puissance variable des vents de la fortune. Évidemment nous sommes d'accord là-dessus, d'après vos lois, vos principes, vos exemples. Vous comptez vos sermens, comme un soldat compte ses campagnes, sans que votre âme éprouve un remords, ni que votre front ait rougi d'un parjure. Point de remords ! rien ne liait donc votre conscience ? Point de parjure ! où donc était Dieu ? et sans Dieu, le serment qu'est-il ? rien ; qu'une de ces formules vaines que modifient et légitiment tour à *tour* les succès et les revers, la loi du plus fort. Tel n'est pas le serment du Chrétien. Un homme sensé donne-t-il plus qu'on ne *veut* ni ne *peut* lui demander ? et par-devant les futurs immortels du Panthéon, l'antique foi du *dévot* chevalier ne serait-elle pas, comme sa gothique armure, dans les rangs des héros en fracs de l'élégante milice citoyenne ?

Rendez donc à l'état sa religion, son Dieu. Parlez-moi alors de serment ; je le conçois ; si je le prête, je le tiendrai.

Ne payons, en attendant, qu'en monnaie au nouveau coin constitutionnel, et ne donnons pas une livre sterling d'Angleterre pour un franc de France, ni le denier d'or du roi Jean pour le centime de cuivre de Louis-Philippe.

S. DE LALAUZE.

Sorgues, le 20 juin 1832.

www.ingramcontent.com/pod-product-compliance
Lightning Source LLC
Chambersburg PA
CBHW050419210326
41520CB00020B/6661